Contabilidad para principiantes y dummies

Principios fundamentales de la gestión financiera

Por: Giovanni Rigters

Tabla de contenidos

Introducción

¿Está interesado en aprender los fundamentos de la contabilidad? Ya sea propietario de una empresa, estudiante o consumidor, la información contable es esencial en los negocios y en el día a día. La contabilidad desempeña un papel importante en el seguimiento de los ingresos y los gastos, la gestión del flujo de caja y la declaración de impuestos. Para las empresas, es crucial comprender algunos fundamentos de la contabilidad para entender cómo dirigir un negocio. La contabilidad se considera el corazón de cualquier empresa, ya sea grande, pequeña, comercial o sin ánimo de lucro. Es el lenguaje por excelencia de los negocios, con el que tendrás que familiarizarte si piensas crear tu propia empresa.

Este libro está dedicado a introducirle en el mundo de la contabilidad utilizando información simplificada. Es posible que haya intentado aprender sobre las normas de contabilidad antes pero se haya desanimado por la complejidad de los recursos en línea. Tenga la seguridad de que este libro está diseñado para principiantes y explica todo lo que necesita saber sobre la contabilidad.

Entenderá qué es la contabilidad y por qué es importante para las pequeñas y grandes empresas. Aprenderá las diferentes normas y principios contables necesarios para crear un informe financiero.

¿Siempre ha creado presupuestos, pero nunca ha sido capaz de ceñirse a ellos? ¿Entiendes lo que ocurre cuando se deposita tu sueldo en tu cuenta? Cuando entiendas las reglas básicas de la contabilidad, aprenderás a gestionar tus gastos personales y a ceñirte a tu presupuesto. Si eres propietario de un negocio, los conocimientos de contabilidad te ayudarán a controlar cualquier discrepancia en tu empresa. Aunque trate con una empresa de contabilidad, es muy importante que aprenda los términos y normas básicas de la contabilidad para comunicarse mejor con su equipo financiero.

¿Alguna vez estuvo en una reunión con su asesor financiero y no pudo entender la mitad de los términos mencionados? ¿Ha tenido que pararse a investigar cada una de las métricas de sus informes financieros? Una vez que lea este libro, será capaz de identificar los diferentes términos contables y realizar importantes aportaciones a su empresa. El objetivo de la contabilidad en una empresa es informar de sus diferentes actividades financieras y medir su rendimiento. Para leer un informe contable, primero tendrás que entender algunos fundamentos.

El aprendizaje de la contabilidad puede mejorar su proceso de toma de decisiones. A usted lo ayudará conocer los distintos aspectos comerciales de una empresa. Puede mostrarle cómo utilizar recursos limitados para obtener el máximo de ingresos. Aprenderá a prever sus gastos y a leer sus estados financieros. Esta información es esencial para tomar decisiones empresariales con conocimiento de causa y garantizar la viabilidad de su empresa a largo plazo.

Este libro le enseñará diferentes terminologías contables en términos sencillos. Aprenderá a diferenciar entre crédito y débito, activos y pasivos, e ingresos y gastos. Aprenderá sobre el flujo de caja, los balances y los estados financieros. La clave del éxito en cualquier negocio reside en el conocimiento de la contabilidad. Estos conocimientos le ayudarán a mantenerse organizado, a cumplir con las normas legales y a crear futuros planes y estrategias de negocio. Empecemos con

Contabilidad para principiantes para que te inicies en las bases de los negocios y las finanzas.

Capítulo 1: ¿Qué es la contabilidad?

Cualquier empresa necesita estados financieros específicos para hacer un seguimiento de sus cuentas. Esta información permite a los empresarios calcular sus beneficios, pérdidas y gastos. Como propietario de un negocio, debe ser capaz de pagar sus deudas, o de lo contrario su empresa será considerada financieramente insolvente. La contabilidad le informa de cuánto dinero necesita para pagar las facturas de la empresa y los salarios de los empleados, si su negocio es lucrativo, cuánto debe a los proveedores e inversores y si la gente le debe dinero, entre otros aspectos.

La información contable es esencial para definir los recursos económicos de cualquier organización. Cualquier empresa que maneje dinero, personas, equipos y oficinas debe utilizar los estados financieros como forma de comunicación. Por ello, la contabilidad es el lenguaje por excelencia de cualquier empresa, incluso de las organizaciones sin ánimo de lucro como las organizaciones benéficas, los hospitales y los gobiernos. En este capítulo se analizará la definición de contabilidad y sus diferentes tipos.

Definición

La contabilidad es el proceso de recopilación de los datos económicos de una empresa. A continuación, el propietario o gerente de la empresa utiliza estos datos para tomar mejores decisiones. Este proceso requiere identificar, analizar y calcular los datos financieros y comunicarlos en términos monetarios a los responsables. La información financiera también se envía a otras instituciones como los recaudadores de impuestos, los organismos de supervisión y los reguladores financieros.

Las personas dentro de la organización, como los propietarios, la alta dirección y los empleados de recursos humanos, utilizan los datos financieros para hacer mejores inversiones y evaluar si la empresa debe reducirse o expandirse. Las instituciones ajenas a la empresa también necesitan acceder a estos datos financieros, como los bancos de los inversores y la Agencia Tributaria.

Una pequeña empresa puede tener un contable o un tenedor de libros que se encargue de las diferentes tareas contables o utilizar los servicios de una empresa de contabilidad. Un contador puede realizar tareas contables básicas, pero las más complejas requieren los servicios de un contable cualificado. Las grandes empresas suelen tener un departamento financiero con muchos contables y asesores financieros. El contable o el departamento financiero elabora informes mensuales, trimestrales y anuales y los presenta a la alta dirección.

Tipos de contabilidad

Hay tres tipos principales de contabilidad: financiera, de gestión y de costos. La contabilidad financiera tiene como objetivo proporcionar datos financieros sobre una empresa a las partes interesadas, los inversores y las organizaciones de terceros. Por ejemplo, los acreedores pueden utilizar esta información para decidir si conceden o no un crédito a una determinada organización. Necesitan asegurarse de que la empresa será capaz de pagar lo que debe. Otro ejemplo son los accionistas, que necesitan conocer la situación financiera de una empresa para decidir sobre una posible inversión. Internamente, los altos directivos también utilizan esta información para tomar decisiones empresariales. La contabilidad financiera se ocupa de todas las transacciones y operaciones financieras de una empresa.

La presentación de la información financiera tiene que ser coherente, independientemente del tipo de organización que la utilice. Para conseguirlo, hay ciertas reglas que cualquier contable financiero debe seguir al preparar los informes contables. Estas reglas se denominan GAAP (Generally Accepted Accounting Principles) o (Principios de Contabilidad Generalmente Aceptados), que fueron emitidos por el Consejo de Normas de Contabilidad Financiera, una organización sin ánimo de lucro creada por la Comisión de Valores de Estados Unidos. Estos principios contables permiten a las empresas comparar los estados financieros emitidos por diferentes empresas del mismo sector.

La contabilidad de gestión es el proceso por el que los contables presentan y proporcionan información relacionada con las cuentas a la dirección de forma estructurada y adecuada para llevar a cabo las tareas administrativas. El departamento de contabilidad suele emitir un informe cada mes o trimestre a los directivos de la empresa. Un contable de gestión trabaja en estrecha colaboración con los directivos para planificar los presupuestos utilizando previsiones y otras herramientas financieras. Analizan los resultados pasados de la empresa y calculan una estimación de sus resultados futuros. Si existen discrepancias entre los gastos previstos y los reales, el contable investiga e informa a la dirección. La contabilidad de gestión no es para el público y no se rige por las normas GAAP.

La contabilidad de costos se considera una rama de la contabilidad de gestión. Un contable de costos es responsable de los costos de fabricación y determina si el costo de los productos fabricados se corresponde con la producción. Los analistas empresariales, los directivos y los contables utilizan esta información para averiguar el coste de los productos. Los valores monetarios se utilizan para indicar la tasa de producción de una empresa, mientras que, en la contabilidad financiera, se utilizan para medir el rendimiento financiero global de una empresa.

Existen otros tipos de contabilidad, como la auditoría, la contabilidad fiscal, los sistemas de información contable, la contabilidad pública, la contabilidad gubernamental y la contabilidad forense.

Requisitos y aptitudes para la contabilidad

Los contables están obligados a cumplir las normas GAAP aplicando un método de doble entrada, en el que las transacciones financieras se registran en dos cuentas contables, una de cargo y otra de abono, para crear una cuenta de resultados y un balance. Llevan un registro de las transacciones comerciales diarias y extraen información para crear sus informes. También realizan auditorías de vez en cuando y preparan los informes que necesita la dirección.

Un contable tiene que prestar gran atención a los detalles y tener la capacidad de rastrear errores e investigar las causas de cualquier incoherencia en el flujo de caja, los costos o cualquier otro aspecto de las transacciones financieras. Necesitan habilidades analíticas y de pensamiento lógico, ya que se pasan el día revisando enormes registros numéricos para garantizar la coherencia de los resultados. Tienen que organizar esta información para facilitar el acceso en caso de discrepancias. Deben ser capaces de adaptarse a las diferentes normas de contabilidad y de comunicar información precisa a los gestores.

Los contables deben ser capaces de gestionar su tiempo entre diferentes clientes y proyectos y tener amplios conocimientos de cada sector. Deben comunicar información contable complicada utilizando términos sencillos y colaborar con diferentes equipos y clientes. Un buen contable requiere algo más que conocimientos matemáticos para llevar a cabo sus funciones y responsabilidades contables.

A estas alturas, ya has aprendido la definición básica de la contabilidad y el uso de la información financiera para diferentes fines. Hemos hablado de los diferentes tipos de contabilidad y de cómo se utilizan en las operaciones empresariales. Muchos tipos de contabilidad determinan las medidas de rendimiento, los costos de fabricación y otros aspectos importantes que las entidades necesitan para determinar el estado financiero de cualquier negocio. Si eres propietario de un negocio, usted necesitará aprender algunos aspectos básicos de la contabilidad, el núcleo de las finanzas modernas.

Capítulo 2: Objetivo de la contabilidad

La información financiera debe registrarse y resumirse con precisión para que pueda ser utilizada por todas las organizaciones implicadas en la empresa. La contabilidad proporciona datos esenciales sobre los costes, los ingresos, los activos, los pasivos, los beneficios, las pérdidas y otros factores necesarios para las operaciones empresariales. La evaluación de estos aspectos es crucial para las estrategias empresariales, y la creación de registros financieros sólidos es un requisito para los informes fiscales y otros fines legales. En este capítulo se analizará el propósito de la contabilidad y por qué es importante para las pequeñas y grandes empresas.

Registro de las operaciones financieras

Las operaciones financieras de una empresa forman parte de la contabilidad financiera. Sus objetivos principales son determinar los resultados y la situación financiera de la empresa y supervisar todas las operaciones. Un contable financiero crea y mantiene un registro sistemático de estas transacciones en los asientos del diario, ya sean compras, ventas u otros documentos subsidiarios. A continuación,

16

esta información se traslada a los libros de contabilidad, a partir de los cuales el contable elabora los estados financieros. Estos registros permiten a los gestores de la empresa medir el rendimiento global de la misma.

Fijar los presupuestos

La contabilidad de costes se ocupa de establecer un presupuesto y anticipar las necesidades de la empresa. Refleja los ingresos y los gastos de la empresa calculando una estimación de las ventas y los costes de fabricación. También determina otras necesidades no financieras, como la estimación del número de empleados necesarios para llevar a cabo el negocio. Hoy en día, la mayoría de las empresas utilizan herramientas financieras para gestionar las actividades empresariales y asegurarse de que no superan el capital inicial. La elaboración de un presupuesto es el proceso de anticiparse a los acontecimientos futuros mediante la revisión de los resultados pasados de la empresa y la integración de esta información con el plan de negocio actual. Un presupuesto suele estimarse anualmente.

Ya sean grandes o pequeñas, con o sin ánimo de lucro, todos los tipos de organizaciones deben establecer un presupuesto anual en su plan de negocio. Un presupuesto es un esquema de sus planes financieros y operativos. Un plan financiero se comparte con organizaciones externas que requieren información presupuestaria. Por ejemplo, si solicita un préstamo empresarial, el banco le pedirá los documentos financieros para revisar su presupuesto y determinar si es elegible desde el punto de vista financiero. Estos documentos suelen incluir el flujo de caja presupuestado, los ingresos y el balance.

Un plan de operaciones se comparte entre las partes interesadas, los gestores y los propietarios, que necesitan ver los estados presupuestarios para hacer un seguimiento de los recursos de la empresa y determinar cómo utilizarlos eficazmente. La alta dirección también necesita información sobre el beneficio anual estimado, lo que repercute en las estrategias de marketing y ventas. Un contable prepara el plan para que los directivos lo ejecuten.

Decisiones empresariales

La contabilidad es muy importante para que los directivos tomen decisiones empresariales con conocimiento de causa. La realización de un análisis de rentabilidad puede ayudarles a decidir si desarrollar los productos existentes o contratar a una empresa de producción para fabricar los productos mediante la realización de un análisis de rentabilidad. Esta información puede ahorrar dinero y evitar futuros obstáculos financieros. Aunque a veces el desarrollo de líneas de producción tiene más sentido desde el punto de vista financiero, algunas situaciones requieren que fabricantes externos suministren los productos necesarios.

Un directivo puede utilizar la información contable para seguir los resultados de la empresa y compararlos con el presupuesto anual para tomar decisiones en tiempo real mediante el análisis coste-beneficio. Esto ayuda a los directivos a adoptar nuevos proyectos y a seguir el progreso de los existentes.

La contabilidad ayuda a los inversores a determinar el valor real de una empresa. Les da una idea para fijar sus objetivos de precios y determinar si una acción vale la pena la inversión. Todas estas decisiones dependen de unos registros contables precisos. Si necesita ampliar su empresa, necesitará que la contabilidad le diga cuándo y cómo iniciar el proceso. Le ayudará a determinar el coste del crecimiento de la empresa.

Rendimiento

Una medida importante del rendimiento empresarial son los indicadores clave de rendimiento (KPI). Se trata de una visión general del rendimiento de los distintos departamentos de una empresa mediante datos cuantificables en tiempo real. Los KPI determinan aspectos financieros y operativos, como la línea de crédito, las cuentas por pagar y por cobrar, el flujo de caja, las nóminas, la productividad laboral, la utilización de los equipos y el estado de finalización de las tareas. Los informes semanales de los KPI se estudian detenidamente para detectar los problemas de rendimiento. También supervisan los proyectos y las nuevas iniciativas, el rendimiento de los empleados y los posibles riesgos.

Responsabilidad y cuestiones jurídicas

Crear estados financieros coherentes y precisos es uno de los principales objetivos de la contabilidad. Los informes generados deben ser aceptables para diversas entidades como organizaciones gubernamentales, autoridades fiscales y diferentes inversores. El contable tiene que garantizar la precisión aritmética de las cuentas de una empresa. También es esencial cuando los empresarios solicitan préstamos para ampliar la empresa o pagar sus deudas.

Cuando la contabilidad financiera de una empresa se mantiene correctamente, aumenta su valor entre la comunidad empresarial o los individuos del mismo sector. La contabilidad afecta directamente a la marca y la reputación de una empresa, ya sea positiva o negativamente, según la naturaleza de los registros financieros.

La exactitud de la contabilidad afecta a las obligaciones legales de la empresa en términos de impuestos, sociedades o leyes de sociedades, entre otros aspectos. Los organismos oficiales exigen registros contables claros de cualquier empresa para calcular el impuesto sobre la renta y el IVA. Pueden rechazar estos registros si los consideran poco claros o no cumplen con las normas GAAP.

Otro objetivo importante es permitir a los directivos determinar y evaluar si las políticas de la empresa tienen éxito. Este proceso implica analizar los datos financieros de todas las transacciones de la empresa y mantener un registro claro en los libros de contabilidad. No existe ningún método práctico para detectar el fraude o realizar el control de costes sin la contabilidad.

En este capítulo hemos hablado de la importancia de la contabilidad en cualquier empresa. Muchas empresas pueden fracasar por una mala gestión financiera, especialmente las pequeñas empresas o las nuevas empresas con recursos limitados.

Capítulo 3: Principios contables básicos

Los principios contables son las principales directrices y normas que siguen los contables para generar sus informes. Cuando diferentes organizaciones requieren estos informes, es más fácil si su formato es consistente para que los datos cuantificables sean fácilmente comparables entre diferentes empresas. Como se ha dicho anteriormente, los GAAP son la norma contable oficial que rige todos los informes financieros emitidos por las empresas que cotizan en bolsa en Estados Unidos. Los objetivos principales de los GAAP son garantizar la uniformidad, la comparabilidad y la exhaustividad de los estados financieros utilizados por los organismos gubernamentales y los inversores, y poner al descubierto las anomalías y los fraudes o robos contables. Si una empresa quiere cotizar en la bolsa de valores de EE. UU., debe adherirse a ciertas normas contables establecidas. En este capítulo se analizarán algunos de los principios contables básicos utilizados en las empresas.

Principio de devengo

Este principio establece que cualquier transacción contable debe ser reportada tan pronto como tenga lugar, sin esperar a recibir el flujo de caja de dicha transacción. El concepto básico es reconocer los hechos financieros registrando los gastos contra los ingresos cuando se producen. Los GAAP y las normas internacionales de contabilidad exigen el uso del principio de devengo. Un ejemplo de uso de este principio es registrar la factura de un cliente una vez emitida y no esperar a recibir su pago.

Principio de coste

El principio de coste implica registrar los activos de la empresa a su coste original en el momento de la compra o adquisición. Este importe no puede ser alterado por la inflación o la depreciación. Los activos registrados pueden incluir inversiones de capital, pasivos o cualquier activo a corto y largo plazo. Este principio registra las transacciones porque los precios originales son objetivos y demuestran el valor de los activos.

Principio de conservadurismo

Este concepto también consiste en registrar los gastos y los pasivos una vez que se producen, pero sólo registrar los activos y los ingresos cuando se tiene la certeza de que se van a producir. En otras palabras, si no está seguro de que vaya a incurrir en una pérdida, debe registrarla inmediatamente, pero si no está seguro de que vaya a obtener un beneficio, no debe registrarlo hasta que esté seguro del resultado. Sus registros deben inclinarse siempre por esperar una pérdida en lugar de esperar una ganancia.

Principio de entidad económica

Este principio establece que cualquier transacción comercial debe registrarse por separado de las actividades del propietario o del socio comercial. Estas actividades incluyen los registros bancarios y contables que no deben mezclarse con los activos y pasivos de las diferentes entidades de una empresa. Esto se hace para evitar la confusión en los registros financieros y facilitar la distinción de las actividades empresariales durante una auditoría. Al registrar cada transacción comercial, debe asignarse a su respectiva entidad, que puede ser un propietario único, un socio, una agencia gubernamental o una corporación. Este principio es más difícil de aplicar en una empresa unipersonal porque el propietario suele entremezclar sus asuntos personales con los empresariales.

Principio de coherencia

Este concepto implica seguir el mismo principio contable para registrar las transacciones financieras con el fin de mantener la coherencia. La única razón para cambiar a otro principio es proporcionar un enfoque mejorado para registrar las actividades empresariales. El impacto de ese cambio debe registrarse en los documentos de los estados financieros. Este principio garantiza que los resultados de los distintos períodos sean fácilmente comparables. Los auditores se preocupan sobre todo por el cumplimiento de este principio por parte de las empresas.

Principio de divulgación total

Este principio implica registrar toda la información que pueda influir en la comprensión de los estados financieros por parte del lector. Sin embargo, las actividades empresariales pueden ser enormes, y la mayoría de los contables sólo incluirán la información con un impacto potencial en la situación financiera de la empresa. Puede incluir aspectos no cuantificables, como información actualizada sobre juicios en curso u otras disputas legales. La divulgación completa implica informar de los métodos contables adoptados por una empresa. Esta información puede registrarse en las notas a pie de página del estado financiero, en el balance o en otros lugares del documento financiero.

Principio de concordancia

El principio de correspondencia establece que cualquier ingreso debe registrarse con los gastos correspondientes en el mismo periodo. Si los ingresos y los gastos se correlacionan, deben consignarse juntos, pero si no, los costes se imputan a los gastos. Este concepto está relacionado con el principio de devengo y requiere registrar la causa y el efecto de los ingresos y los gastos. Por ejemplo, si se gana una comisión de ventas del 5% registrada en marzo, pero pagada en abril, los gastos de la comisión deben registrarse también en marzo.

Principio de materialidad

El principio de materialidad implica registrar una transacción si su ignorancia puede afectar a las decisiones empresariales de las personas que leen los estados financieros. Las normas GAAP no obligan a registrar las transacciones inmateriales. La Comisión del Mercado de

Valores de EE.UU. recomienda registrar las partidas que representen al menos el 5% de todos los activos de un balance. Pero hay partidas más pequeñas que se consideran lo suficientemente importantes como para convertir un beneficio neto en una pérdida. El principio de materialidad varía entre las organizaciones, ya que algunas partidas menores se consideran materiales para algunas empresas e inmateriales para otras.

Principio de fiabilidad

Este concepto implica que sólo se registren las transacciones que puedan probarse mediante documentos oficiales que los auditores revisen. Por ejemplo, si ha comprado materiales a un proveedor, la factura demuestra sus gastos. Otros ejemplos de pruebas son los informes de tasación, los recibos de compra, los extractos bancarios y los cheques cancelados.

Principio de duración

Este principio obliga a crear informes contables durante un periodo estándar. La mayoría de las empresas generan estados financieros cada mes, trimestre y año. Cuando la dirección establece este periodo, se siguen las normas GAAP para crear registros contables en ese periodo. Esto garantiza la coherencia de los informes y permite a los directivos comparar el rendimiento de la empresa y las distintas métricas con los años anteriores. Un estado financiero debe incluir el periodo de tiempo de las transacciones registradas. Aunque este principio puede parecer el más obvio y ampliamente practicado por los contables, está pensado principalmente para el análisis de tendencias, que desempeña un papel importante en la toma de decisiones empresariales.

En este capítulo se han tratado algunos de los principios contables básicos según las normas GAAP. El objetivo principal de adoptar estos conceptos en las empresas es garantizar que sus registros financieros sean coherentes y fácilmente comparables a lo largo de un período de tiempo. Independientemente del principio que utilice en su empresa, debe incluirlo en su información contable para que sea fácilmente comprensible para otras empresas de contabilidad.

Capítulo 4: Débitos y créditos

Si alguna vez ha mirado el extracto bancario de su cuenta de ahorros o de inversión, o el balance que le ha enviado su contable, probablemente se haya topado con las palabras "cargado" y "abonado". Mientras que entender cómo funciona su propia cuenta personal es relativamente sencillo, analizar la estructura financiera de una empresa completa puede complicarse. En algunos lugares, el débito puede significar otra cosa, y en otros lugares, el crédito también tendrá un significado diferente. Si está proporcionando información contable a alguien o simplemente quiere comprender mejor su situación financiera, debe entender este concepto fundamental de débitos y créditos.

Contabilidad hoy en día

Si tuvieras que describir cómo ha funcionado tu cuenta de ahorros en el ejercicio anterior, podrías resumirlo fácilmente como que has recibido X cantidad de dinero y has gastado G cantidad de dinero. Por tanto, si empezó con 100 dólares, añadió otros 100 y luego gastó 50, su saldo final es de 150 dólares. Sin embargo, el problema es que cuando se gestionan las finanzas de una empresa, aunque sea pequeña, hay más de una cuenta que gestionar.

A diferencia de su cuenta bancaria, una empresa tiene diferentes cuentas para diferentes recursos. Por ejemplo, una empresa puede gastar de las reservas de efectivo, del crédito disponible en un banco, o puede intercambiar ciertos activos por otros bienes o servicios. Esto puede complicar el sistema contable, ya que ya no basta con sumar y restar valores.

Contabilidad por partida doble

Para resolver este problema, los contables modernos utilizan lo que se conoce como mecanismo de contabilidad por partida doble. En esta forma de contabilidad, hay dos entradas para cada transacción, y es una representación más realista de cómo el dinero fluye realmente a través de las cuentas.

Cuentas

El valor acumulado de las diferentes cuentas determinará el valor de la empresa y si está en beneficios o en pérdidas. Una cuenta es simplemente una categorización de los diferentes gastos y flujos de ingresos y de los

diferentes activos y pasivos de una empresa. Es
una forma de clasificar ciertas transacciones en
determinados grupos para facilitar la
identificación de lo que ocurre con los
diferentes activos, pasivos, flujos de ingresos y
formas de gastos. Las distintas empresas
configuran sus cuentas de diferentes maneras.
Algunas pueden tener sólo un puñado de
cuentas, mientras que otras pueden tener
miles.

Por ejemplo, supongamos que una empresa
vende diez servicios y diez productos
diferentes, que son las únicas formas en que
puede generar ingresos. Todos estos artículos
tendrán sus propias cuentas y, en conjunto,
serán los activos de la empresa. Del mismo
modo, contabilizará los salarios de los
empleados, el alquiler y los gastos de
funcionamiento. Los gastos figurarán en el
pasivo.

Cuando se produce una transacción, ésta
afectará al menos a dos cuentas, por lo que
existe un sistema de doble entrada. Por
ejemplo, si la empresa vende un producto, uno
de los efectos será que la empresa obtiene
ingresos, lo que aumenta la cuenta de caja. Al

mismo tiempo, la cuenta de existencias o inventario se reducirá en un elemento.

El mecanismo contable pretende mantener el equilibrio. Esto se refleja en la ecuación:

Activo = Pasivo + Patrimonio neto

Cuando una transacción afecta a ambos lados de la ecuación, ésta se equilibra. De este modo, las cuentas también se mantienen equilibradas. Esto significa que siempre se sabe exactamente dónde está el dinero y cómo fluye por el sistema.

Débito y crédito

Siempre habrá una entrada de débito y una entrada de crédito cuando se produzca una transacción. Le ayudará pensar en el débito como una entrada en el lado derecho de la cuenta y en el crédito como una entrada en el lado izquierdo de la cuenta, en lugar de pensar en ello como una suma o una resta.

Para algunas cuentas, un débito significará un aumento, mientras que para otras, significará una disminución, lo que también es cierto para un crédito.

Por lo general, las cuentas de activo o de gastos aumentarán con un débito, y las cuentas de patrimonio, de pasivo o de ingresos disminuirán con un débito.

Los asientos de crédito aumentan el patrimonio, el pasivo o los ingresos y disminuyen los activos o los gastos.

Una buena forma de recordarlo es a través de los acrónimos.

El crédito aumenta la "GIIPF '

- Ganancias

- Ingresos

- Ingresos

- Pasivo

- Fondos propios

El débito aumenta el 'DGAP '

- Dividendos

- Gastos

- Activos

- Pérdidas

Cuando entienda cómo se incrementan las cuentas separadas, podrá utilizar simplemente la entrada contraria para demostrar un descenso.

Ayudará a entender algunos de los diferentes tipos de cuentas bajo títulos clave para que esto sea más fácil de utilizar.

Cuentas de activos

Las cuentas de activos pueden consistir en:

- Efectivo

- Inventario

- Cuentas por cobrar

- Gastos pagados por adelantado

- Vehículos

- Tierra

- Edificios

Cuentas de gastos

Las cuentas de gastos pueden consistir en:

- Alquilar

- Viajes

- Utilidad

- Salarios

- Gastos generales

- Gastos recurrentes

- Gastos no contabilizados

- Publicidad

Cuentas de ingresos

Las cuentas de ingresos pueden consistir en:

- Ingresos por ventas

- Ingresos por intereses

- Ingresos por alquileres

- Rendimiento de la inversión

- Disminución de precios

Cuentas de pasivo

Las cuentas de pasivo incluyen cosas como:

- Impuesto sobre la renta

- Impuesto sobre las ventas

- Intereses de los préstamos

- Costes de los servicios financieros

- Cuentas por pagar

Cuentas de capital

Las cuentas de capital incluyen:

- Acciones

- Bonos

- Fondos de inversión

- Inmobiliaria

- Instrumentos derivados

- Valores

En cualquier sistema de contabilidad por partida doble, no se puede evitar el uso del débito y el crédito. Además, hay algunas situaciones en las que una determinada transacción puede afectar a más de dos cuentas. Por ejemplo, si se vende un activo de la empresa que también afecta al valor del fondo de comercio de la empresa, esta transacción afectará al efectivo, a los activos y al fondo de comercio. De este modo, es importante identificar todas las cuentas afectadas por una transacción y realizar los cambios necesarios para garantizar que las cuentas y los estados financieros generados a partir de ellas sigan estando equilibrados.

Capítulo 5: Activos y pasivos

Cuando se examinan los estados financieros, se encuentran términos como activo, pasivo y patrimonio neto. Tanto si mira los balances como las cuentas de resultados, estos informes financieros están incompletos sin esos elementos clave. Las empresas y los particulares confían en los informes financieros para saber cómo está funcionando su negocio o cómo están actuando como proveedores de servicios. Esta es la información que se utiliza para todo, desde las declaraciones de impuestos hasta la toma de decisiones sobre cómo debe gestionarse el negocio en el futuro, e incluso puede utilizarse para entender dónde debe centrar su atención la empresa. Sin embargo, entender los activos y pasivos puede ser más difícil de lo que parece, especialmente si se trata de entender cómo estas cosas afectan a las operaciones del negocio.

Lo que hace que esto sea aún más confuso es que hay diferentes normas de contabilidad y varias formas en que los contables pueden compilar estos valores para darle una evaluación final de su patrimonio neto o el valor total de la empresa. Las diferencias en la

forma de recopilar la información se deben
principalmente a los distintos sistemas fiscales
y a los diferentes requisitos legales de un país a
otro y de una empresa a otra. Entender qué son
estas cosas diferentes y cómo afectan a tus
estados financieros es clave para la educación
financiera.

Activos

Los activos pueden considerarse como
cualquier cosa que la empresa posea y que
tenga valor y pueda ayudar a la empresa a
obtener ingresos. Pueden proporcionar un
beneficio monetario o cualquier otro tipo de
ventaja a la empresa. Sin embargo, esto suele
limitarse a las cosas que pueden proporcionar
un beneficio financiero en términos contables.

Los activos se clasifican como activos
corrientes o activos fijos. Como su nombre
indica, los activos corrientes sirven para
obtener ganancias a corto plazo; son "actuales",
rápidos y pueden ser monetizados
inmediatamente. Los activos corrientes
incluyen el efectivo disponible en la caja o en el
banco, las cuentas por cobrar a corto plazo y las
existencias. Los activos corrientes son
extremadamente importantes para las

empresas, ya que ayudan a la empresa a no depender de préstamos y otras soluciones de financiación que aumentarían el pasivo.

Los activos fijos son aquellos que son similares a las inversiones a largo plazo. En términos contables, los activos fijos son aquellos que van a durar más de 18 meses y seguirán teniendo valor financiero para la empresa. Para algunas empresas, incluso sus existencias pueden ser un activo fijo. Por ejemplo, el mobiliario es un producto que puede durar fácilmente décadas, y seguirá teniendo el mismo valor siempre que se haya almacenado adecuadamente. Sin embargo, los activos fijos suelen ser cosas como edificios o equipos informáticos en el balance. Siguen siendo cosas muy valiosas, pero también ayudan a las operaciones de la empresa en lugar de sólo ayudarla a ganar más dinero.

Los activos también pueden clasificarse como tangibles o intangibles. Los activos tangibles son cosas como los edificios o el inventario, que son cosas físicas que se pueden tocar. Por el contrario, los activos intangibles son cosas como los derechos de autor o las marcas registradas, que no son realmente objetos físicos pero siguen teniendo valor. En la era digital, los activos intangibles son cada vez más importantes. Por ejemplo, las páginas de las redes sociales de una empresa son increíblemente valiosas, pero no son cosas tangibles. Del mismo modo, el software, el contenido digital, un sitio web y todo tipo de recursos electrónicos son activos intangibles. Para plataformas como Facebook, sus activos intangibles son su mayor fuente de ingresos, mientras que los activos tangibles de la organización valen muy poco en comparación.

Pasivo

Los pasivos son lo contrario de los activos, y son cosas que la empresa debe a las partes interesadas o a otras empresas. Por ejemplo, uno de los pasivos más comunes para las pequeñas empresas es el dinero que deben a los proveedores por sus existencias. A menos que una empresa dependa totalmente de la tesorería, es inevitable que tenga algún tipo de pasivo.

En la sección de pasivos, hay pasivos corrientes y pasivos a largo plazo. Al confeccionar las cuentas, todos los pasivos que deben pagarse en el plazo de un año financiero se clasifican como pasivos corrientes. Esto puede incluir cosas como un ciclo de crédito de 90 días con los proveedores, los salarios mensuales de los empleados, los préstamos a corto plazo, como los descubiertos bancarios, e incluso los pagos pendientes de las facturas de servicios públicos. Los pasivos a largo plazo deben devolverse al cabo de un año o son pagos que se reparten a lo largo de varios años. Por ejemplo, si una empresa tiene que pagar un préstamo, una hipoteca comercial o un plan de pago con un proveedor que se extiende durante 3 o 10 años, se considerará un pasivo a largo plazo.

Liquidez

La liquidez se refiere a la facilidad con la que una empresa puede disponer de efectivo para financiar diferentes procesos empresariales. Cuanto más "líquida" sea una empresa, menos dependerá de la financiación externa. Ser autosuficiente permite a la empresa aprovechar ciertas oportunidades que puedan surgir. Por ejemplo, supongamos que una empresa fabrica y vende muebles. De repente, un competidor cierra el negocio y vende una gran cantidad de materia prima a precios bajos. En este caso, la empresa puede aprovechar esta oportunidad si dispone de efectivo para comprar los materiales en ese mismo momento. Si la empresa dispone de liquidez, puede utilizar su propio efectivo para comprar los materiales baratos y beneficiarse de ello más adelante, ya que su coste de producción será mucho menor al fabricar muebles con este material de bajo precio.

Si la empresa no tiene liquidez y no cuenta con el capital necesario, tendrá que buscar financiación externa, lo que aumentará la responsabilidad. Si se tienen en cuenta los intereses y los gastos de transacción que conlleva, puede acabar resultando más caro para ellos. Por ello, las empresas prefieren tener la mayor liquidez posible, ya sea teniendo la mayor cantidad de efectivo disponible o disponiendo de activos corrientes de los que puedan deshacerse rápidamente para crear el efectivo que necesitan.

Capítulo 6: Balance - Cuenta de resultados - Flujo de caja

Los balances, las cuentas de resultados y el flujo de caja se conocen colectivamente como estados financieros. Estas tres mediciones diferentes de la salud financiera de una empresa se utilizan para determinar lo bien o mal que le va a una empresa. Los inversores, las partes interesadas, los analistas financieros, los acreedores y muchos otros utilizan ampliamente los estados financieros para comprender si se trata de una empresa en la que quieren invertir. El análisis técnico y el fundamental son algunos de los estados que se utilizan en ese tipo de análisis para evaluar una empresa desde el punto de vista financiero. Las empresas envían a los accionistas de las empresas públicas estos estados trimestrales, semestrales o anuales.

Estos estados financieros muestran diferentes aspectos de la situación financiera de una empresa. Para entender el rendimiento de una empresa, es importante examinar todos los estados financieros para obtener una visión global. Por ejemplo, si una empresa quiere obtener un préstamo para un nuevo edificio, el prestamista estará interesado en comprobar sus activos actuales a largo plazo y qué parte de su capital se ha invertido en activos fijos. Al mismo tiempo, el prestamista también querría ver el estado de flujo de caja para ver cómo han pagado a sus anteriores prestamistas y evaluar los riesgos para garantizar que la deuda se pague a tiempo.

Es bastante fácil leer los diferentes estados financieros si se sabe lo que se busca. Veamos qué son y qué representan.

Balance de situación

En el capítulo anterior, hemos examinado el activo y el pasivo. Todos estos elementos están representados en el balance. Los contables enumeran los activos a la izquierda y los pasivos a la derecha del balance. Algunas empresas prefieren situar los activos en la mitad superior del balance y los pasivos en la inferior. Estas cifras se establecen de la misma manera que la ecuación contable. El objetivo es demostrar cómo se comparan los activos totales de la empresa con la totalidad de sus pasivos.

Al ver estos datos, las diferentes clases de activos y tipos de pasivos se desglosan en los epígrafes correspondientes. Habrá una sección para los activos corrientes y otra para los activos a largo plazo, y algunos pueden incluso diferenciar entre activos tangibles e intangibles.

Una de las partes más importantes del balance es la sección de fondos propios. Esta área muestra cuánto ha crecido o disminuido la empresa en relación con el capital inicial invertido en el negocio. También muestra el grado de distribución de los beneficios de la empresa en forma de dividendos, algo que interesa sobre todo a los inversores.

El reto del balance es que es una imagen estática de la empresa. No ofrece una visión global del éxito de la empresa a largo plazo, sino que muestra el aspecto de las finanzas de la empresa en un día concreto del año.

Declaración de ingresos

Aunque los accionistas y los inversores quieren conocer sus ingresos potenciales, estos son un poco diferentes de lo que la empresa gana realmente. Esto se debe a que la empresa no distribuye todo lo que gana. Más bien, la empresa fijará un determinado porcentaje como la cantidad que distribuirá de su beneficio neto. Para determinar cuánto gana realmente la empresa, hay que mirar la cuenta de resultados.

Como ya hemos comentado en capítulos anteriores, los cargos y abonos de varias cuentas se muestran en las cuentas de resultados. La cuenta de resultados muestra cuánto ha ganado una empresa durante un determinado periodo de tiempo, de dónde proceden estos ingresos y a dónde va este dinero. Aquí se puede ver cuántos impuestos paga la empresa, su beneficio neto, sus ingresos y el impacto financiero del balance en términos de rendimiento de la empresa.

La cuenta de resultados es como un embudo. En la parte superior, se encuentra el volumen de negocios bruto de la empresa y cuánto ha ganado con sus operaciones, lo que suele denominarse "volumen de negocios bruto". "Se llama "facturación bruta" porque no se ha clasificado ni refinado, y no se han tenido en cuenta los gastos. A medida que se baja un escalón, se eliminan algunos gastos y se queda una cifra algo menor. A medida que avanza, puede ver cuánto cuesta cada gasto y, en la parte inferior, puede ver el beneficio neto, a menudo conocido como el resultado final.

Estado de flujo de caja

Este estado trata de controlar cómo se utiliza el efectivo en la empresa. El estado de flujos de caja suele elaborarse a partir de los datos recogidos en los otros dos estados financieros. En lugar de mostrar valores definitivos, el estado de flujos de caja se centra más en mostrar los cambios en la cantidad de efectivo que la empresa tiene en diferentes operaciones. Las tres operaciones principales que interesan a las empresas son:

- Actividades de explotación

- Actividades de inversión

- Actividades de financiación

Las actividades de explotación concilian la información de la cuenta de resultados y muestran la cantidad de efectivo que la empresa ha obtenido de esas actividades. Por ejemplo, en esta sección se modifican ciertas cosas que no se abordan en la propia cuenta de resultados, por ejemplo, el ajuste de la depreciación.

Las actividades de inversión muestran lo que la empresa ha ganado, o perdido, con diversas inversiones. Suelen ser inversiones a largo plazo, como la compra de terrenos u otros activos fijos. También mostrará cualquier cambio en la cartera de inversiones si la empresa ha cambiado su forma de invertir.

Las actividades de financiación muestran cómo la empresa obtuvo capital, cuánto recaudó y para qué se utilizó. También mostrará cómo la empresa gestionó los principales intercambios de efectivo, como el pago de los préstamos.

Capítulo 7: Ingresos/Gastos

Para la mayoría de las empresas, hay múltiples flujos de ingresos y varias formas de gastos que tienen que gestionar. Además, hay diferentes tipos de ingresos, como los ingresos por ventas, los ingresos por dividendos, los ingresos por contrapartida y otros. Del mismo modo, los gastos también se presentan en diferentes formas, como los fijos, los variables, los no operativos y otros.

Ingresos

Cuando los contables calculan los ingresos, son muy diferentes de los beneficios netos o las ganancias netas. Esto se debe a que los ingresos son simplemente las ganancias totales de las ventas. No obtenemos beneficios hasta que hayamos deducido todos los gastos de nuestros ingresos. Además, la forma de reconocer los ingresos puede variar de una empresa a otra.

La mayoría de las empresas se basan en el principio de reconocimiento de ingresos. Según este principio, los ingresos sólo se reconocen una vez que el riesgo de propiedad de los bienes se ha transferido al comprador o el servicio se ha prestado, y ya no es responsabilidad del vendedor. Es importante señalar que la transferencia de dinero no se considera en este marco. Esto significa que las empresas que venden a crédito incluirán los bienes comprados a crédito en sus ingresos y no en su cuenta de caja. Las ventas a crédito aumentan los derechos de cobro, pero siguen considerándose ingresos. Cuando se paga en efectivo más tarde, se considera simplemente una reducción de las cuentas por cobrar y un aumento del efectivo, en lugar de afectar al importe de los ingresos.

Muchas empresas utilizan diferentes marcos para calcular los ingresos previstos. Cuando las empresas son pequeñas, venden pequeñas cantidades de productos o sólo tienen un puñado de clientes a los que atienden, es bastante fácil calcular los ingresos. Una simple base de datos con todas las ventas y los precios a los que se han vendido puede servir para ver los ingresos totales. Cuando las empresas realizan millones de transacciones al mes y tienen que ocuparse de cientos de miles de productos, es más fácil y rápido utilizar simplemente una media del volumen de ventas y del precio de venta para estimar los ingresos que han obtenido o que obtendrán en el futuro.

Las previsiones de ingresos le ayudan a determinar con qué rapidez y en qué medida quiere ampliar su organización, pero son muy difíciles de estimar o calcular y deben incluir todo, desde cubrir el alquiler hasta pagar los sueldos y comprar el inventario. Además, cuando una empresa se expande rápidamente, necesita saber cuánto va a ganar con mucha antelación para ajustarse en consecuencia. Por ejemplo, con una estimación de los ingresos del próximo año, una empresa puede estar mejor posicionada para tomar decisiones a largo plazo y formular un plan sobre cómo quiere crecer.

Gastos

Los gastos pueden llegar a ser extremadamente complicados en la forma en que se producen y cómo se calculan. En términos sencillos, un gasto es el dinero que una empresa gasta o los costes en los que se incurre mientras la empresa funciona. En algunos casos, pueden ser costes adicionales que no están directamente relacionados con la empresa. Por ejemplo, si una catástrofe natural derriba un almacén, es un coste que la empresa tendrá que asumir, pero no es algo que haya previsto, ni forma parte del día a día de la empresa.

En la contabilidad se distingue entre costes y gastos, mientras que estos términos suelen utilizarse indistintamente en otros ámbitos. Los costes se definen claramente como los gastos realizados para adquirir un activo. Por otro lado, los gastos son desembolsos realizados para generar ingresos. En consecuencia, aunque todos los gastos forman parte de los costes, no todos los costes son gastos.

A la hora de calcular los gastos, la contabilidad también tiene en cuenta las cosas que no utilizan dinero en efectivo pero que suponen una pérdida de valor para la empresa. Por ejemplo, la depreciación de un vehículo o de una maquinaria es un gasto que no requiere efectivo. Una vez que has comprado el vehículo, has incurrido en un coste. Ese coste es la inversión para comprar el coche, pero luego esta inversión también se deprecia con el tiempo. Del mismo modo, algunos gastos se producen una vez, pero se contabilizan más tarde o cuando son necesarios. Por ejemplo, si se ha pagado el alquiler de un edificio durante todo el trimestre, no se contabilizará en el primer mes. En cambio, el contable contabiliza el alquiler de ese mes concreto, aunque ya se haya cargado el importe de todo el trimestre.

Esto se hace para que los estados financieros sean precisos y adecuados al momento en que se generan. Si se deduce de los ingresos un coste prepagado para todo el año en un solo mes, se producirán informes inexactos. Del mismo modo, no deducir la depreciación dará lugar a una sobrevaloración de los activos de la empresa.

La cuenta de resultados ofrece una visión global de los gastos de la empresa, ya sean a largo o corto plazo, variables o fijos.

Conclusión

La contabilidad es un proceso crítico para las empresas, los proveedores de servicios y. Tanto si eres propietario de una empresa como si eres un empleado y necesitas gestionar mejor tus finanzas, entender la contabilidad y cómo se utiliza para organizar todos los recursos monetarios de una empresa puede ayudarte a poner más orden en tu propia vida financiera.

A primera vista, puede parecer un asunto complicado. Mirar todos los diferentes estados financieros y utilizar todo tipo de fórmulas diferentes para dar sentido a los números de la hoja puede ser un reto. Una vez que se sabe lo que significan las diferentes cosas y cómo se interrelacionan, resulta mucho más fácil de lo que parece. Sin embargo, a medida que se añaden más variables a la mezcla y se construye un informe financiero que cumpla con las exigencias de marcos cada vez más complejos, puede resultar difícil.

Una solución más fácil para la gente hoy en día es utilizar un software o una aplicación para gestionar sus finanzas. Estos sistemas de contabilidad tienen todo lo que necesitas ya en

su lugar, y sólo tienes que conectar los valores.
Por ejemplo, si quieres hacer un balance, en
lugar de construirlo desde cero, puedes utilizar
una de las plantillas prefabricadas y
simplemente construir una allí mismo.
Además, te da la opción de construir todo tipo
de estados financieros en función de lo que
quieras utilizar. Dentro de estas aplicaciones y
software, puedes ejecutar una gran selección de
fórmulas y ecuaciones que te ayudarán a
encontrar las cosas específicas que estás
buscando. Puede ayudarle a analizar su propia
información si necesita presentarla a otra
persona.

Si usted es propietario de una pequeña
empresa que necesita gestionar las cuentas,
conseguir un software de contabilidad será una
inversión que le proporcionará mucho valor.
Sólo necesita el software en lugar de tener un
contable interno; entonces, puede subcontratar
la gestión del software a un autónomo. De
todos modos, la mayoría de las empresas no
necesitan un contable a diario. El único
momento en el que realmente lo necesitan es
cerca del final del mes, cuando necesitan
compilar todas las transacciones y evaluar la
rentabilidad. Un contable autónomo puede ser
contratado por unas horas a final de mes, y

puede gestionar todo directamente desde su software.

Incluso si se dedica a la contabilidad como profesión, es muy recomendable familiarizarse con las últimas herramientas digitales de contabilidad. Atrás quedaron los días en que los contables tenían que sentarse con pilas de registros y una calculadora. Hoy en día, con las últimas soluciones de gestión empresarial, la mayoría de las cosas se registran en directo, y sólo el contable las pone en orden utilizando diversas soluciones de software financiero. La verdadera habilidad sigue consistiendo en entender las diferentes normas contables y luego crear un estado de cuentas que cumpla con esos requisitos. Es probable que la contabilidad siga con nosotros, incluso con la llegada de la inteligencia artificial, y sigue siendo una profesión muy rentable.

www.ingramcontent.com/pod-product-compliance
Lightning Source LLC
Chambersburg PA
CBHW071517210326
41597CB00018B/2802